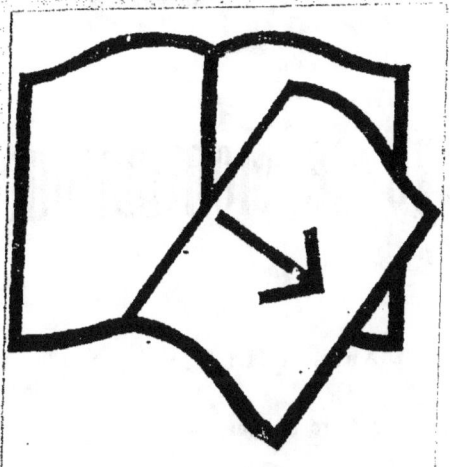
Couverture inférieure manquante

COLONIES DAUPHINOISES

DE

l'Abbaye de Montmajour

PAR

L'Abbé FILLET

Curé d'Allex

VALENCE
LIBRAIRIE LANTHEAUME, PLACE DES CLERCS

1891

COLONIES DAUPHINOISES

DE

l'Abbaye de Montmajour

PAR

L'Abbé FILLET

Curé d'Allex

VALENCE
LIBRAIRIE LANTHEAUME, PLACE DES CLERCS
—
1891

Colonies Dauphinoises
DE
L'ABBAYE DE MONTMAJOUR

A côté d'aberrations et de fautes nombreuses, notre siècle présente des qualités et des œuvres qui lui vaudront l'admiration et la reconnaissance de la postérité. Il est le siècle de la critique, et de la critique avec toutes ses exigences. Par suite, il ne se contente guère des récits plus ou moins véridiques d'un historien qui affirme sans preuves. Il veut remonter aux sources et faire le jour, acquérir, s'il se peut, la certitude.

Pour atteindre ce résultat, nos historiens judicieux recourent à un double moyen : l'inspection des documents originaux, ou du moins authentiques, quand ils existent, et la confrontation des historiens primitifs. Muni de ces secours, ils comparent les faits avec les autres faits du même temps et du même pays, s'assurent de l'accord de tous ces faits entre eux avec ceux des temps et des pays voisins.

Après les faits de l'Ancien et du Nouveau Testament, dont le caractère sacré exige une critique à part, spécialement respectueuse et subordonnée à une autorité non moins sacrée, les faits les plus dignes de notre étude sont ceux de notre histoire ecclésiastique. Aussi, les savants sérieux d'autrefois comme ceux d'aujourd'hui en ont toujours fait l'objet de leurs investigations les plus attentives, et celles-ci ont principalement porté sur les origines religieuses et chrétiennes de la France.

Un des résultats les plus précieux que l'on a ainsi atteints, est la vérification cent fois renouvelée de cette assertion arrachée par l'évidence à la franchise d'écrivains non catholiques eux-mêmes : que l'Eglise a fait la France, et l'a faite en la christianisant.

Pour notre part, quelque restreint que soit le cadre de nos études, nous avons souvent été frappé de cette vérité, en lisant et exploitant les anciens documents relatifs à l'histoire de nos diocèses, notamment ceux que nous ont fournis les archives des Bouches-du-Rhône. Aussi, le sentiment que nous y avons éprouvé a été celui d'un grand bonheur. Français et prêtre catholique, nous ne pouvions voir qu'avec une vive joie la véritable Eglise de Jésus-Christ répandre ses bienfaits de tout genre, et la France les recueillir.

Or, ce bonheur et cette joie, nous voulons les faire partager à nos lecteurs. Dans ce but, nous allons donner ici ce que les chartes de l'abbaye de Montmajour, conservées dans les archives des Bouches-du-Rhône, nous apprennent de la colonisation à la fois agricole, sociale et religieuse pratiquée en divers lieux de notre ancien Dauphiné par les religieux de cette abbaye. De plus, pour rendre notre étude un peu complète, nous joindrons aux notions puisées dans ces archives les notions fournies par d'autres documents publiés ou inédits.

Du reste, afin d'avancer plus sûrement dans l'étude assez

longue que nous entreprenons, nous irons du général et du mieux connu au particulier et au moins connu. Après un aperçu sur l'origine et l'histoire de notre célèbre abbaye provençale elle-même, nous suivrons la marche de ses religieux à travers les comtés et diocèses répondant à notre région ; nous verrons quelles sont les localités dauphinoises qu'ils ont successivement habitées, les possessions qu'ils y ont eues, les églises qu'ils y ont trouvées ou construites, les paroisses qu'ils y ont fondées ou desservies. Enfin, pour préciser davantage, nous indiquerons, du moins autant que possible, l'origine, les principales phases et la fin du séjour de ces mêmes religieux dans chacune de ces localités.

I

Voici d'abord l'aperçu sur l'abbaye elle-même.

A environ quatre kilomètres au nord-est de la ville d'Arles et au milieu de la plaine du Tribon, s'élèvent brusquement deux collines jumelles. L'une est la montagne de Cordes, dont les roches entremêlées de broussailles cachent une grotte merveilleuse ; l'autre, un peu plus considérable, est celle de Montmajour (*mons major*), que l'antique abbaye de ce nom a couronnée pendant de longs siècles, et que le voisinage des marais a fait qualifier d'île.

L'origine de cette abbaye a été l'objet d'opinions bien différentes. Les uns la font remonter à saint Trophime, premier évêque d'Arles (vers 67) ; d'autres veulent qu'elle ait été fondée par un successeur de ce pontife, saint Hilaire (429-449) ; d'autres font honneur de sa fondation à Childebert, fils du grand Clovis, et disent qu'après sa destruction par les Sarrasins, elle fut relevée par Charlemagne.

Mais dom Chantelou, qui a parcouru si attentivement les archives de Montmajour et fait l'histoire de cette abbaye, Denis de Sainte-Marthe et M. de Marin de Carranrais, n'ont guère hésité à rejeter ces origines plus antiques qu'autorisées; en l'absence de tout renseignement précis antérieur au X° siècle concernant notre abbaye, ils en racontent ainsi la fondation et les développements.

Dans la première moitié du X° siècle, quelques hommes, poussés par le désir de la perfection chrétienne, se retirèrent à Montmajour. Bientôt ils s'y construisirent un monastère, et l'éclat de leur sainteté y attira les foules. Des pèlerins grossirent le nombre des religieux et en partagèrent les austérités. D'autres répandirent leurs largesses sur le monastère.

Cependant il restait à donner à ce dernier une constitution solide et à choisir ensuite celui des religieux qui dirigerait les autres. Un obstacle s'opposait à cette amélioration essentielle : la montagne appartenait à l'église d'Arles, et les droits en étaient dévolus au prévôt de cette église. Mais une dame noble et riche, appelée Teucinde, prit en mains la cause des religieux et se chargea d'aplanir les difficultés. Elle obtint de l'archevêque et des prêtres de son église l'abandon d'un rocher inculte contre des terres riches et fertiles. C'est ce qu'atteste une charte datée du 7 octobre, la 12° année du règne de Conrad roi de Provence, c'est-à-dire l'an 948, puisque ce prince était monté sur le trône en août 937. Dès lors, Teucinde donna l'île de Montmajour aux religieux et leur assura la propriété des fonds du monastère. Elle les leur confirmait encore en août 974.

Mauringus, le premier entre les moines de Montmajour, fut revêtu de la dignité abbatiale, et se rendit à Rome. Le pape Léon VIII reçut ses vœux, et, en 963, déclara que le monastère relèverait immédiatement de l'église Romaine, et serait exempt de toute autre juridiction. Depuis lors, les frères et les biens de Montmajour, où l'on suivait la règle de saint Benoît, continuèrent à augmenter pendant plusieurs siècles. En 1152 l'abbaye avait des bénéfices et des fiefs dans une vingtaine de diocèses, et dans plusieurs de ceux-ci ces possessions étaient fort considérables. Bref, Montmajour était peut-être au XIIe siècle la plus prospère et la plus riche après Cluny, des abbayes répandues sur le territoire que comprend aujourd'hui la France.

Mais ensuite arriva le déclin, Montmajour était bien déchu de son antique grandeur, quand un brevet de Louis XVI prononça la suppression à perpétuité de son titre abbatial, et unit les biens et revenus qui en dépendaient à l'archevêché d'Arles et aux évêchés de Vence et de Glandèves. Le brevet royal, daté du 24 septembre 1786, fut suivi d'une bulle de Pie VI consommant la suppression, et au moment où éclatait la tourmente révolutionnaire, Montmajour avait fini d'exister comme abbaye. Il ne restait plus à celle-ci qu'à mêler ses ruines à celles qu'allaient amonceler sur tant de points de notre France, le marteau des démolisseurs et la torche des incendiaires de 1793 (1).

Rien plus aujourd'hui n'anime Montmajour, nul bruit n'en réveille les échos. L'œil n'y rencontre que pans de murs; beaucoup sont encore imposants, mais leurs pierres

---

(1) Arch. des Bouches-du-Rhône, fonds de Montmajour et mss. Chantelou. *passim*; — *Gallia Christ.*, édit. Piolin, t. I, col. 603-19; instrum., col. *102-5*; — Trichaud, *Hist. de saint Césaire*, p. 286-300; *Les ruines de l'abbaye de Montmajour d'Arles*, p. 7-38; — F. de Marin de Carranrais, *L'Abbaye de Montmajour* (Marseille, 1877), *passim*.

continuent à se détacher sous l'action des pluies et des vents. Toutes choses qui prouvent aux visiteurs les proportions jadis grandioses du monastère, et leur rappellent l'instabilité des choses humaines.

Ainsi se résume l'histoire générale de Montmajour. Quant aux possessions et dépendances de l'illustre abbaye bénédictine dans nos diocèses dauphinois, voici, sommairement du moins, ce que nous en savons.

II

Dès le temps de l'abbé Mauringus, Montmajour est gratifié de biens dans les comtés d'Apt, d'Orange, de Vaison, de Trois-Châteaux, de Gap, de Die, etc., comme nous l'apprend une charte du 25 février 960. Le don est fait par la comtesse Berthe, nièce de Hugues roi d'Italie et veuve de Boson comte d'Arles. Il comprend dans le comté de Trois-Châteaux (*in comitatu qui vocatur Tr[ic]atense*), la moitié d'une église dédiée en l'honneur de saint Jean (*dimidiam ecclesiam que est in honore sancti Joannis dedicata*) et située en la ville (*villa*) (1) appelée *Treciano*, avec toutes ses dépendances ; les villes (*villas*) appelées *Paterna* et *Caleso*, et la vallée de Marcèse (*vallem Marceso*), ce qui a été acheté de Rachel avec toutes leurs dépendances, choses et domaines, et tout ce qui doit y appartenir (*res et mancipia vel quidquid pertinere debet*). Il comprend dans le comté de Gap (*in comitatu qui voca-*

---

(1) En traduisant le mot *villa* d'une manière absolument littérale, nous devons faire observer que, dans nos chartes des X*, XI*, XII* et XIII* siècles, il peut également signifier *habitation, hameau, village, bourg, ville, paroisse*, dans le sens actuel de ces mots, ou une réunion quelconque d'habitations.

tur Wapinthis), une ville (*villam unam*) dite *Dominiaca*, avec les dépendances et domaines lui appartenant ou devant lui appartenir ; la ville (*villam*) appelée *Molion*, avec les domaines ou tout ce qui lui y est attaché ; la ville (*villam*) nommée *Dianara* (1), les choses et domaines ou toute chose la regardant ; la ville (*villam*) nommée *Cellulas*, avec ses manses et serfs et serves ou choses lui appartenant ; la ville (*villam*) appelée *Lanatis*, les choses et domaines ; la ville (*villam*) dite *Eta* et une autre dite *Carci Campus*, ainsi que les serfs, et leurs dépendances ; une église en l'honneur de saint Pierre avec la ville (*villa*) appelée *Marnenno*, les choses et domaines lui appartenant, et la ville (*villam*) dite *Cortentia* (2), ou quelle que soit la possession de la donatrice. La charte n'indique comme donné dans le comté de Die (*in comitatu Diense*), que les choses et domaines que le père et la mère de la donatrice ont conquis (*conquisierunt*) dans la vallée de Salérans (*in valle Salaranis*) (3), ainsi que tout ce qui dépend ou doit dépendre de ces choses (4).

Le 7 décembre 963, Conrad, roi de Bourgogne et de Provence, confirme à Montmajour diverses possessions. Or, parmi celles-ci nous remarquons dans le comté de Gap la *celle* ou petit monastère appelé Allemont de Saint-Martin (*Alamunto Sancti Martini*), et en un autre endroit la *celle* d'Antonaves (*Antunnava*). Le 8 décembre 965, le même roi, à la demande des religieux de Montmajour,

---

(1) Var. *Dianava*.
(2) Var. *Cortinha*.
(3) Var. *Saleranus*.
(4) Arch. cit., mss. Chantelou, p. 91-7 ; — Mabillon, ad ann. 960, n° 33 ; — D. Vaissète, pr., ad ann. 960, t. III, xlix ; — F. de Marin de Carr., op. cit., p. 29-30 et 147.

leur confirme de nouveau, avec la *celle d'Allemont dite de St-Martin*, la *celle* d'Antonaves, dont allait dépendre plus tard le prieuré de Lachau, alors du même diocèse de Gap.

Enfin, Montmajour avait dès 1152 l'église et prieuré de St-Léger *de Jobia*, autrement *de Gobia*, localité formant encore avant 1789 une paroisse sous le vocable de St-Léger, et faisant aujourd'hui partie de la commune de St-Genis, canton de Serres (1).

Avec cela, nous avons indiqué les colonies religieuses de Montmajour dans le Gapençais. Suivons maintenant pas à pas nos Bénédictins dans leur marche et leur installation plus au nord et toujours à gauche du Rhône.

Il faut d'abord franchir un assez long espace de temps et de lieu sans rien trouver qui se rapporte à notre sujet. Mais enfin voici qui l'intéresse, et essentiellement.

Un don ou accord (*donum vel convenimentum*) intervenu, vers le commencement du XIe siècle, entre l'Eglise Romaine et un seigneur du Royans, avait réglé que personne, ni laïque ni ecclésiastique, ne pourrait acquérir quelque fonds que ce fût dans ledit pays, sauf les religieux de Montmajour, qui en avaient reçu le droit de l'Eglise Romaine. Ismidon, prince de Royans, petit-fils ou fils dudit seigneur, avait reconnu et confirmé la chose, et les religieux de Montmajour tenaient à leur privilége. Pour mieux assurer celui-ci, Ismidon (2), ami de l'évêché de

---

(1) Arch. cit., mss. cit., pp. 106-10, 782-96 ; — *Gallia christ.*, éd. cit., I, instr., col. 103-4 ; — Bibl. nat., mss. lat, 12, 685, p. 249, cit. dans *Bull. soc. d'Et. des H.-A.*, i, 265-6 ; — Arch. des H.-A., G, 127, 143, 153-6 et 184-5 ; — Roman, *Dict. topogr. des H.-A.*, pp XXXII et 84.

(2) Ismidon, prince de Royans et seigneur de Peyrins, vivait en 1025 et en 1052 (*Cartul. S. Barnardi Roman.*, passim).

Grenoble, alla trouver Artaud, évêque de cette ville (1), et lui conduisit Benoît, abbé de Montmajour (2), accompagné d'une troupe de ses religieux. Ils lui affirmèrent ce que dessus, et le lui prouvèrent par des actes écrits. Le prélat, également désireux de respecter les droits de l'Eglise Romaine et de garantir ceux que mentionnaient les actes écrits, faisant droit à la demande d'Ismidon et de l'abbé, approuva et confirma le contenu de ces actes, avec réserve toutefois du cens ecclésiastique. Arbert et Jean du Puy, Aloard, et plusieurs autres membres de son clergé, joignirent leur confirmation et leur approbation à celle de leur évêque. Puis, quelque temps après, ce dernier, voulant qu'après sa mort on fût fixé sur la formalité qu'il avait accomplie, la consigna dans une charte dont le texte, assez incorrect, nous a été conservé (3). Manifestement, les religieux de Montmajour s'étaient déjà établis dans le Royans avant l'année 1040, et nous verrons plus loin avec détail les églises et biens qu'ils y possédèrent. En attendant, il faut constater qu'ils s'établirent aussi vers le même temps dans des contrées voisines.

En effet, deux frères, prêtres et chanoines de Romans, Arbert et Abo, possédaient l'église de St-Christophe de Montmiral, qui était d'un revenu considérable. Mais les deux chanoines voulurent abandonner la communauté de Romans et se faire religieux de Montmajour. Ils donnèrent d'abord à cette dernière abbaye l'église de Saint-Christophe, puis reçurent du pape l'autorisation de pro-

---

(1) Artaud fut évêque de Grenoble depuis 1036 jusqu'à 1058.
(2) Benoît siégeait à Montmajour en 1036 et en 1040. Eldebert, son successeur, siégeait vers 1042 (*Gallia christ.*, I, col. 605).
(3) *Cartul. S Hug. Gratianop.*, A, 34 ; — *Gallia Christ.*, t. XVI, col. 229-30, instrum., col. 76-7.

noncer leurs nouveaux vœux. Athénulte, laïque, leur troisième frère, prit aussi l'habit monastique à Montmajour. Mais l'église de St-Christophe, ainsi cédée à cette abbaye, ne lui appartenait pas sans conteste. Adhémar de Bressieu y prétendait des droits. Les moines, loin de leur chef-lieu, ne se souciaient guère de se mesurer avec un si puissant voisin. Aussi acceptèrent-ils l'offre que leur fit l'abbé de Romans d'échanger l'église de St-Christophe, avec ses dîmes et dépendances, contre la moitié de l'église de St-Evode de Parnans, avec ses dîmes et dépendances, et des terres situées au lieu appelé Montrond et cultivées par Constantin. Cet échange eut lieu du temps de Rolland, abbé de Montmajour, et l'acte en fut dressé à Vienne, en novembre 1068 (1).

L'abbé Guillaume, successeur de Rolland, en continua l'œuvre dans notre région en fondant le prieuré de Saint-Antoine de Viennois, dont le nom et l'origine exigent que nous donnions ici quelques détails déjà assez connus.

La plupart des hagiographes s'accordent à dire que le corps de saint Antoine, après être resté caché dans son premier tombeau pendant 170 ans, fut découvert et transporté à Alexandrie sous le règne de Justinien, puis à Constantinople, et enfin, au XIe siècle, dans le diocèse de Vienne en Dauphiné. Après la mort du personnage qui avait doté notre région d'un si précieux trésor, ses héritiers en imitèrent la confiance envers le bienheureux saint jusqu'à porter les restes sacrés de ce dernier dans tous leurs voyages. Quoique la dévotion seule leur inspirât cette pratique, le pape Urbain II la réprouva comme

---

(1) *Cartul. S. Barnardi Roman.*, n° 12 bis et 13.

portant atteinte au respect dû au corps d'un saint si illustre, et ordonna à Guigues Didier un des héritiers susdits, de confier ce dépôt à une maison religieuse.

Pour obtempérer aux ordres du Souverain Pontife, Guigues Didier déposa le corps saint dans une église commencée depuis quelques années au village de la Motte-Saint-Didier, qui était de sa dépendance, et travailla à achever l'édifice. Sur ces entrefaites, un mal dont on avait déjà demandé la guérison à saint Antoine, et qui venait de faire une foule de victimes en diverses provinces de la France, se répandit en Dauphiné. On l'appelait le *mal des ardents*, le *feu sacré*. De toute part, on accourut auprès des reliques de saint Antoine, pour solliciter la guérison d'un mal si épouvantable. Bien plus, le nombre des malades grandissant, un de ceux qui avait des premiers obtenu sa guérison, Gaston, seigneur de la Valloire, et Gerin, son fils, se consacrèrent, avec d'autres gentilshommes, au service de leurs *pauvres frères* malades. En même temps, une maison hospitalière assez grande pour loger, avec les malades, leurs nobles et généreux serviteurs, leur était cédée, à quelques pas du sanctuaire. Tout allait à changer à la fois la face du vieux village de la *Motte-Saint-Didier* et sa dénomination. On en vint jusqu'à oublier celle-ci. Tant de monde se rendait à *Saint-Antoine*, que le lieu en porta exclusivement le nom.

Cependant, il n'y avait eu d'abord à *Saint-Antoine* d'autre clergé que celui de l'ancienne église paroissiale. Evidemment il était insuffisant pour desservir une population croissante et pour donner aux malades et aux pèlerins les soins religieux qui leur étaient nécessaires. Gaston et ses compagnons n'étaient pas revêtus du sacerdocé et se consacraient à une œuvre différente. Comme les Bénédictins de Montmajour avaient déjà des bénéfices et des prieurés dans le voisinage, on leur confia le service religieux de Saint-Antoine et ils y eurent désormais une colonie de vingt religieux, un véritable monastère (1).

Mais, quand et par qui ces religieux furent-ils appelés à St-Antoine ? Ici nous voyons la funeste influence que l'esprit de parti exerce sur les historiens. Aymar Falcon, ancien annaliste des Antonins et antonin lui-même, se préoccupait sans doute des longs différends de son Ordre avec celui de Montmajour. Il tend à donner à l'organisation de Gaston et de ses compagnons en société, l'antériorité sur l'établissement des Bénédictins de Montmajour à Saint-Antoine. Il veut que Guigues Didier ait appelé ces moines dans ce lieu seulement *après quelques années* de gestion de l'établissement religieux et hospitalier des Antonins par ces nobles et généreux séculiers. Au contraire, dom Chantelou, historien de Montmajour, bénédictin lui-même, ne manque pas d'accuser Falcon de fiction (*pro sensu suo*) et dit que Guigues Didier appela les Bénédictins aussitôt après l'ordre d'Urbain II, et avant l'établissement de l'hôpital. Par une contradiction assez curieuse, il attribue ensuite, non seulement à Guigues, mais à Didier son père, la donation de l'église de St-Antoine aux religieux de Montmajour. Il cite même à l'appui de

---

(1) « ... Accersitis Benedictini ordinis monasteriique Sancti Petri Montismajoris monachis, certa propinqua beneficia et prioratus obtinentibus, locum ipsum... remisit certisque conditionibus assignavit; et ab eo tempore prioratus regularis ordinis Sancti Benedicti eodem in loco esse cœpit, cum antea pariochialis ecclesia fuisset secularis. » (AYM. FALCO, *Anton. histor. compendium*. f. xliiij 2°.)

cette attribution un fragment d'acte sans en donner la date. Cet acte est de *Desiderius Mallenus* ; Guigues son fils le confirme, et les chevaliers de celui-ci l'approuvent, comme porte le texte même. Il est vrai que cette contradiction peut être expliquée ; on peut dire qu'elle est dans les termes et non dans le fond ; que Guigues Didier, plus actif que son père, agissait dans l'affaire au nom de ce dernier quand il ne s'agissait pas d'actes absolument déterminatifs de la propriété cédée. Mais, voici des points sur lesquels nos historiens s'accordent, et qui fixent la date capitale. Après avoir fait de la fondation bénédictine une suite de l'ordre donné par Urbain II au possesseur des reliques, Falcon et Chantelou ajoutent tous deux : « Comme la cession susdite, d'une chose ecclésiastique par un séculier, n'était guère selon le droit et efficace sans le consentement de l'autorité épiscopale ou papale, on remit l'église antonienne à l'autorité épiscopale, pour que celle-ci fît elle-même la donation aux Bénédictins ; et des lettres de Gontard, évêque de Valence, administrateur du diocèse de Vienne pendant la vacance de ce dernier, remplirent les vœux de Guigues. » Or, on sait qu'Urbain II fut élu pape le 12 mars 1088, et qu'il s'occupa cette année même de faire élire un archevêque de Vienne, qui fut en effet élu en la personne de Guy de Bourgogne. C'est donc vers la fin de 1088 que vinrent les Bénédictins. De plus, Guy confirma la mesure prise par Gontard, et la confirma du vivant d'Urbain II, par conséquent avant le 29 juillet 1099 ; de sorte que l'établissement à St-Antoine des religieux de Montmajour fut complet et assuré avant la fin du XIe siècle.

Avec saint Antoine, ces religieux obtinrent de nombreuses églises et possessions aux alentours. D'après l'acte que

Chantelou cite de Didier Mallenus, ce seigneur donne à Montmajour, de l'approbation de Guigues son fils, diverses églises situées dans l'archevêché de Vienne, savoir : celle de St-Didier, celle de Sainte-Marie de Montagne et celle de Saint-Marcellin, avec les dîmes, prémices et toutes leurs dépendances ; le manse de Gilbert au Port, le lieu où le monastère doit être construit (*locum in quo monasterium construatur*), avec la ville (*villa*) et les magasins (*officinis*), la vigne appelée *Plantée,* et divers pâturages. Mais Falcon n'est pas exactement de cet avis : « Plusieurs, dit-il, ont prétendu que Guigues Didier avait donné aux moines sept églises et leur avait assigné de très amples revenus. Ce n'est pas vrai. Il leur donna seulement l'édifice commencé de la nouvelle église, avec le juspatronat de l'ancienne église paroissiale, qui se trouvait et restait comprise dans l'étendue du nouvel édifice, plus grand, et le juspatronat de l'église de Saint-Didier. A ce don fut ajouté par Gontard, et confirmé par l'archevêque Guy, le don de l'église de Saint-Marcellin et de celle de Saint-Hilaire. » A vrai dire, Chantelou paraît avoir oublié l'acte par lui cité, quand il adhère sans restriction à ces paroles de Falcon : « Bernard d'Echavagne, moyennant l'autorisation de l'archevêque Guy, donna au monastère l'église de Sainte-Marie de Montagne. Un noble du nom de Constantin lui donna la chapelle *de Chapaysia;* Nantelme *de Monte Lucido* et Ponce Roux, l'église du lieu *de Vinays* et le quart de la dîme du lieu. Ardenc de Vinay donna l'Eglise de Saint-Jean de Fromental et la neuvième partie de la dîme. Enfin, Pierre Sofreys, lit-on, donna la part qu'il avait dans les églises de Vinays et *de Monte Lucido.* C'est-à-dire que ces nobles donnaient seulement ce qu'ils avaient en ces églises, à savoir le juspatronat. » Nos deux historiens ajoutent que

« les papes Luce III et Innocent III confirmèrent plus tard ces donations en y ajoutant les églises de Roybon et de Quincivet. » Nous verrons plus loin ce qu'il en est de cette confirmation. En attendant, constatons que Falcon reconnaît enfin le don, par Guigues Didier, du lieu où le monastère fut construit, d'une vigne attenante et de divers privilèges; par Francon et Mallenus, ses fils, de certaines dîmes; et, par ce dernier, de certaines vignes (1). Mais constatons aussi qu'il n'est pas facile de bien écrire l'histoire sur des données de seconde ou de troisième main, surtout quand elles sont sans date précise et si peu d'accord entre elles sur des points essentiels. Fort heureusement, nous avancerons maintenant d'un pas sûr, grâce aux notions absolument certaines et précises fournies par les chartes mêmes de Montmajour transcrites par Chantelou.

Les églises et biens possédés par la célèbre abbaye sont indiqués en détail dans les confirmations que leur en accordèrent divers papes et empereurs. Un privilége de Pascal II de l'an 1114 ne nomme pour nos contrées que l'église de St-Antoine (*ecclesiam Sancti Antonii*). Mais on voit par l'ensemble de cet acte, qu'il ne spécifie qu'une très faible partie des dépendances de Montmajour. Il faut en dire presqu'autant d'un privilége du pape Gélase II de l'an 1118, qui n'indique nominativement que l'église de St-Antoine et de St-Pierre *de Lausanna* avec ses appartenances, dans le comté de Viennois; l'église de St-Etienne, dans le comté de Grenoble; l'église de St-Jean de Royans, dans le comté de Diois; et l'église de Ste-

---

(1) Arch. cit., mss. cit., pp. 578-632; — *Aym. FALCO, Anton. hist. compendium*, ff. xliiij-liij; — DASSY, *L'Abbaye de Saint-Antoine*, p. 13-59; — HAURÉAU, *Gallia Christ.*, XVI, col. 186-7; — F. DE MARIN DE CARR., *L'Abbaye de Montmajour*, p. 44-9.

Marie de Jaillans, dans le comté de Valentinois (1). Du reste, la charte elle-même s'explique suffisamment sur les possessions non spécifiées, quand elle ajoute ici les mots : *avec toutes leurs appartenances*. Bien plus, nous trouvons encore une indication évidemment trop sommaire dans les priviléges de Callixte II, du 9 avril 1123 ; d'Eugène III, du 7 avril 1152 ; et le Luce III, du 17 octobre 1184. Callixte II confirme à Montmajour : « Dans le diocèse de Vienne, l'église de St-Antoine de la Motte (*S. Ant. de Motha*) et celle de St-Pierre *de Lauzonna*, avec toutes leurs appartenances; dans celui de Grenoble, l'église de St-Etienne de Nacon, avec la paroisse du château d'Iseron, et l'église de St-Pierre de Granenc avec ses dîmes et appartenances, l'église de Prêles avec les dîmes ; dans le diocèse de Die, le monastère de St-Jean de Royans avec les dîmes d'Oriol et toutes les appartenances ; et dans le comté de Valence, l'église de Ste-Marie de Jaillans, et l'église de Cerne avec celle qui est depuis peu en construction sur une hauteur, de l'avis de l'évêque, dans la propriété de Géoffroy, du château de Charpey. » Eugène III et Luce III confirment à leur tour : « Dans le diocèse de Vienne, l'église de St-Antoine de la Motte, et celle de St-Pierre *de Lausanna*, avec leurs appartenances ; dans le diocèse de Grenoble, l'église de St-Etienne de Nacon avec la paroisse du château d'Iseron, l'église de St-Jean du château de Rencurel, l'église de St-Bonnet du Villars, l'église de St-Pierre de Granenc avec la paroisse et la

---

(1) « ... In Viennensi, ecclesiam Sancti Antonii et Sancti Petri de Lau sanna cum pertinentiis suis. In Gratianopolitanensi, ecclesiam Sancti Stephani ; et in Diensi, ecclesiam Sancti Joannis de Rojans ; et in Valentino, ecclesiam Sanctæ Mariæ de Jaliano, cum omnibus pertinentiis earum. In Aquensi.... » (Mss. Chantelou, p. 739).

chapelle du château de Beauvoir et leurs appartenances, l'église de Prêles avec la paroisse et les dîmes. Dans le diocèse de Die, l'église de Valchevrières, avec ses appartenances, le monastère de St-Jean de Royans, avec les dîmes d'Oriol et ses appartenances. Dans le comté de Valence, l'église de Ste-Marie de Jaillans, l'église de Cerne, avec leurs appartenances (1). Mais enfin, le privilège d'Innocent III, du 29 décembre 1204, doit être complet ou à peu près, dans l'énumération qu'il fait des églises et bénéfices de Montmajour en notre région. Il nous y signale : « Dans le diocèse de Vienne, l'église de St-Antoine de la Motte, avec sa paroisse et toutes ses appartenances, et la maison de l'Aumône située dans sa paroisse et dans sa propriété, avec toutes ses appartenances ; l'église de Ste-Marie de Montagne ; l'église de St-Marcellin ; l'église de St-Jean de Fromental ; l'église de St-Martin de Vinay ; l'église de St-Pierre de Montelaser, et l'église de Ste-Marie de Quincivet ; l'église de St-Didier du Château ; l'église de St-Cyprien ; l'église de Ste-Marie-Madeleine *de Baer*, avec toutes ses appartenances ; l'église de St-Pierre *de Lausanna* ; l'église de Chevrières, avec toutes ses appartenances ; les églises de St-Evode, de St-Bonnet, de St-Hilaire, de St-Sauveur, et de Ste-Marie de Têche. Dans l'évêché de Grenoble, l'église de St-Just ; l'église du château de Rovon, et la seigneurie de ce château avec toutes ses appartenances ; l'église de St-Romain de Granenc, avec toutes ses appartenances ; le monastère de St-Etienne de Nacon avec ses appartenances ; l'église de St-Jean des Essarts ; l'église de Rencurel ; l'église de Cognin ; l'église de St-Just ; l'église de Ste-Marie d'Au-

---

(1) Arch. cit., fonds de Montmajour, *passim* ; — Mss. cit., pp. 728, 736-9, 756-60, 782-8 et 816-7.

bérivé avec toutes ses appartenances. Dans l'évêché de Die, le monastère de St-Jean de Royans ; l'église de St-Martin de Coronels, avec ses appartenances, et tout le droit que vous avez dans l'église de Ste-Marie d'Oriol. Dans l'évêché de Valence, les églises de St-Pierre de la Motte, de St-Thomas et de Ste-Marie de Jaillans avec toutes leurs appartenances ; l'église de Ste-Marie de Meymans ; l'église de Cerne, et l'église de Puy-Rigaud avec toutes leurs appartenances. » Le privilége d'Alexandre IV, du 17 mars 1258, confirme et spécifie les mêmes églises (1).

Outre ces dépendances et biens possédés à titre ecclésiastique, et qui, pour ce motif, étaient confirmés par les papes, Montmajour avait alors, en la même région, des

---

(1) « ... In diœcesi Viennensi, ecclesiam S. Antonii de Mota, cúm parochia sua et omnibus pertinentiis suis, et domum eleemosynariam quæ in ejus parochia sita est et proprietate, cum omnibus pertinentiis suis; ecclesiam S. Mariæ de Montanea; ecclesiam S. Marcellini; ecclesiam S. Joannis de Formental; ecclesiam S. Martini de Vinai; ecclesiam S. Petri de Montélaser, et ecclesiam S. Mariæ de Quincevet; ecclesiam S. Desiderii de Castro; ecclesiam S. Cypriani; ecclesiam S. Mariæ Magdalenæ de Baer, cum omnibus pertinentiis suis; ecclesiam S. Petri de Lausonna; ecclesiam de Capreriis, cum omnibus pertinentiis suis ; ecclesias S. Evodii, S. Boniti, S. Hilarii, S. Salvatoris, et S. Mariæ de Lechis, cum omnibus pertinentiis suis. In episcopatu Gratianopolitanensi, ecclesiam S. Justi; ecclesiam castri de Rovo, et terminium ejusdem castri cum omnibus pertinentiis suis; ecclesiam S. Romani de Granenco, cum omnibus pertinentiis suis; monasterium S. Stephani de Nascon cum pertinentiis suis; ecclesiam S. Joannis de Exacio; ecclesiam de Rencurellis; ecclesiam de Cominis; ecclesiam S. Justi; ecclesiam S. Mariæ de Albaripa, cum omnibus pertinentiis suis. In episcopatu Diensi, monasterium S. Joannis de Royans; ecclesiam S. Martini de Coronellis, cum pertinentiis suis; et quidquid juris habetis in ecclesia S. Mariæ de Auriolo. In episcopatu Valentinensi, ecclesias S. Petri de Mota, S. Thomæ et S. Mariæ de Jallana, cum omnibus pertinentiis suis; ecclesiam S. Mariæ de Maimanis; ecclesiam de Cernà et ecclesiam de Podio Rigaudo, cum omnibus pertinentiis suis. » (Mss. Chantelou, p. 931-45 et 1131-44.)

possessions à titre civil ou féodal et qui, par suite, lui étaient confirmées par les souverains temporels. Ainsi, le 29 mars 1210, l'empereur Othon IV confirmait à Montmajour : « Dans le comté de Vienne, la ville (*villam*) de St-Antoine avec tout ce qu'il (Montmajour) avait dans la ville de Saint-Antoine et dans celle de Saint-Etienne et dans celle de Saint-Marcellin, avec toutes leurs autres appartenances; la ville (*villam*) *de Lauxona* avec son intégrité et ses appartenances; le château *de Rensum* avec tout son droit; la ville (*villam*) de Saint-Jean-de-Royans; la ville (*villam*) de Saint-Just; la ville (*villam*) de Nacon; la ville (*villam*) de Saint-Pierre de Maleval; la ville (*villam*) de Gilgans; la ville (*villam*) de Saint-Evode. » L'empereur Frédéric II renouvelait cette confirmation, en mai 1223 (1).

A cette époque, Montmajour était à l'apogée de sa gloire et dans sa plus grande extension. A partir du XIIIe siècle, il ne fit que décroître, du moins dans le Dauphiné. Il est vrai que ses différends et sa rupture définitive avec Saint-Antoine se prêtaient à ce résultat. Les notions succinctes que nous allons donner sur chacune des dépendances de la célèbre abbaye bénédictine dans notre province, nous fixeront à peu près sur les pertes succcessives qu'elle y fit, en attendant qu'elle fût elle-même supprimée par les pouvoirs souverains.

Pour mettre plus d'ordre dans ces notions, nous les diviserons en autant de sections qu'il y a d'anciens diocèses dauphinois où Montmajour eut des possessions.

---

(1) Arch. cit., fonds cit.; — Mss. cit., p. 921-8 et 1007-14 ; — F. DE MARIN DE CARRANRAIS, L'*Abbaye de Montmajour*, p. 155-7.

III

Diocèse de Trois-Châteaux. — En supposant que ce diocèse eût les mêmes limites que le comté du même nom, il contenait l'église de Saint-Jean, située en la *ville* appelée *Treciano* et dont la moitié fut donnée à Montmajour, en 960, par la comtesse Berthe. Nous l'admettons d'autant plus volontiers que ce village, bourg ou *ville* appelé *Treciano*, paraît répondre à la localité même de Trois-Châteaux. Au surplus, on trouve plus tard, à Saint-Paul-Trois-Châteaux, une église dédiée à saint Jean. Pons de Grillon, évêque de Saint-Paul, témoin de la donation faite, en 1137, par Hugues de Montségur aux Templiers de Richerenches, donna lui-même aux Templiers l'église et le quartier de St-Jean situés dans la cité de St-Paul. Après l'extinction de ces religieux, les chevaliers de St-Jean-de-Jérusalem héritèrent de leurs biens de Saint-Paul, notamment de ceux du quartier de Saint-Jean. Ce quartier, où l'on a découvert d'importants vestiges de monuments antiques (1), porte encore le nom de son ancienne église. Mais le diocèse de Saint-Paul-Trois-Châteaux ne figure en rien dans les priviléges accordés à Montmajour par les papes et les empereurs. Par suite, nous ne savons pas ce que devinrent les autres biens situés dans le comté de Trois-Châteaux et donnés à la même abbaye par la même comtesse Berthe, en 960. Impossible d'ajouter un renseignement quelconque à ce que nous en avons dit en les énumérant d'après la charte de donation.

---

(1) *Gallia Christ.*, édit. cit., I, Animadvers., col. VIII; — BOYER DE SAINTE-MARTHE, *Suppl. à l'Hist. Cathédr. de Saint-Paul-3-Ch.*, p. 21-2; — LACROIX, *l'Arrondissement de Montélimar*, VII, p. 325-9 et 377.

IV

Diocèse de Gap. — Nous avons vu plus haut que la comtesse Berthe donna à Montmajour, en 960, jusqu'à neuf villages, bourgs ou autres ensembles d'habitations (*villas*) et une église en l'honneur de saint Pierre, localités et église situées dans le comté de Gap. Nous n'y revenons ici que pour mémoire, n'ayant absolument aucun détail à ajouter à ceux que nous avons déjà donnés à leur sujet. Le *Dictionnaire topographique des Hautes-Alpes*, qui contient tant d'indications sur les communes, paroisses et hameaux de ce département, et les autres ouvrages que nous avons consultés, ne nous ont appris ni quelles sont aujourd'hui les localités qui répondent à ces antiques *villæ*, ni où était cette ancienne église de Saint-Pierre.

La même comtesse donna en même temps à Montmajour tout ce que ses père et mère avaient conquis dans la *vallée de Salarans*. Cette vallée de Salarans comprenait certainement le tout ou une partie de la vallée de la rivière appelée *la Méouge*. En effet, celle-ci, après avoir traversé diverses communes de la Drôme, notamment celle de Lachau, traverse celles de *Salérans*, Barret-le-Bas, Antonaves et Pomet, pour se jeter ensuite dans le Buech, affluent de la Durance. La charte de 960 dit que la *vallée de Salarans*, ou du moins la partie contenant les biens donnés, était dans le comté de Die; mais cela n'empêchait pas que toutes les localités arrosées par la Méouge ne fussent du diocèse de Gap, comme nous le savons indubitablement. Salérans, en particulier, qui était autrefois une paroisse de l'archiprêtré de Ribiers, forme aujourd'hui une commune de 270 habitants, du canton aussi de Ribiers. Vers 1125, son église figure dans une donation, par l'évêque de

Gap, à Saint-André d'Avignon. Quant au nom du lieu, encore écrit *Salaranum* en 1178, *Salarani* au xiv⁰ siècle et *Salaroni* en 1408, il l'était déjà en français dès 1516 avec la forme actuelle de *Salérans* (1).

Tout cela ne nous apprend pas en quoi consistaient les biens donnés dans la vallée de Salérans. Mais remarquons que la Méouge, qui arrose celle-ci, traverse Antonaves, dont le petit monastère appartenait à Montmajour en 963, comme nous l'avons dit. M. Roman assure que la terre d'Antonaves avait été donnée à cette abbaye, vers 960, par Adélaïde, reine de Germanie, sœur du roi Conrad le Pacifique, et on a la charte par laquelle ce roi confirmait à Montmajour le petit monastère d'Antonaves en 965. Celui-ci n'est pas mentionné dans des priviléges des papes accordés à Montmajour en 1097 et en 1102; mais, le 7 avril 1152, Eugène III confirme à notre abbaye l'église de Sainte-Marie-d'Antonaves avec ses appartenances, et le pape Luce III en fait autant en 1184. A leur tour, l'empereur Othon IV, le 29 mars 1210, et Frédéric II, en mai 1223, confirment à Montmajour le petit monastère d'Antonaves, dans le comté de Gap. Enfin, en 1258, le pape Alexandre IV confirme à la même abbaye *l'église de Sainte-Marie, située dans le diocèse de Gap, et toutes ses appartenances*. Il s'agit sans doute de Sainte-Marie d'Antonaves, simple prieuré vers la fin du xiii⁰ siècle, et dont on connaît un grand nombre de prieurs. Parmi les dépendances d'Antonaves, dont le prieuré était encore dépendant de Montmajour en 1337 (2), se trouvaient la paroisse

---

(1) Arch., et mss. cit., p. 97; — Roman, *Dict. topogr. des H.-A.*, p. xxix, lvii et 147.

(2) Arch. cit., mss. cit., p. 782-96, 816-9, 921-51, 1007-17 et 1406-8. — *Bulletin de la Soc. d'Ét. des H.-A.*, I, 265-6; — F. de M. de Carr., op. cit., p. 155-7; — *Cartul. de l'Ile-Barbe*, p. 78-9.

de Châteauneuf-de-Chabre et le prieuré de Lachau. M. Roman dit que le prieur d'Antonaves a eu, depuis le xii⁰ siècle jusqu'à 1789, la collation de la cure et un tiers de la seigneurie de Châteauneuf-de-Chabre (Hautes-Alpes). Ce prieur eut encore au xvi⁰ siècle le prieuré de Lachau, localité arrosée, elle aussi, par la Méouge, et qui formait autrefois une paroisse du diocèse de Gap. On a des reconnaissances de tenanciers faites en 1571 et le prouvant. Rien d'étonnant qu'après avoir appartenu à Cluny, Lachau ait passé à Montmajour au xvi⁰ siècle, pour tomber entre les mains de séculiers commendataires. Antonaves lui-même, comme Lachau et Ballons, avait en 1663 pour prieur et seigneur Charles de Lionne, sacristain et gouverneur de Romans. Au surplus, M. Roman nous assure que les religieux de Montmajour ont possédé le prieuré d'Antonaves jusqu'en 1789, et que les prieurs furent, depuis le x⁰ siècle, collateurs de la cure du lieu, décimateurs et seigneurs temporels de la paroisse (1).

Notre célèbre abbaye arlésienne avait encore, dès 963, le petit monastère de Saint-Martin d'Allemont, comme nous l'avons dit. On le lui voit confirmer en 965 par le roi Conrad, en 1097 par le pape Urbain II, et en février 1102 par le pape Pascal II. Mais avant 1152, ce monastère était devenu un prieuré dépendant de l'Ile-Barbe près Lyon, à qui Luce III le confirmait en 1183, ainsi que les églises établies dans l'intérieur et autour de cette ville (*oppidum*) d'Allemont, certainement représentée aujour-

---

(1) *Invent. somm. des Arch. des H.-A.*, G, 127, 143, 153-6, 184-5; — Arch. de la Dr., E, 2213, 3155, 3181, 3186; — Lacroix, L'*Arrondissement de Nyons*, p. 355-8; — P. de Thorey, *Prieurés de l'anc. diocèse de Grenoble*, p. 208-10; — *Bull. Soc. d'Et. des H.-A*, I, 266 ; VII, 97 ; — J. Roman, *Tableau histor. du départ. des Hautes-Alpes*, p. 145-6.

d'hui par le Monêtier-Allemont, commune du canton de Laragne. Par suite, le pape Eugène III, confirmant à son tour, en 1152, les possessions de Montmajour, n'y comprend pas le monastère d'Allemont. On a les chartes des empereurs Othon IV, en 1210, et Frédéric II, en 1223, confirmant à notre abbaye la *celle* ou petit monastère appelé *à la Motte Saint-Martin*, situé dans le comté de Gap (*in comitatu Vapinco, cellam quam vocant ad Motam sancti Martini*). Mais à la fin du xiiie siècle, le prieuré du Monêtier appartenait sans conteste à l'abbaye de l'Ile-Barbe (1).

L'église prieurale de Saint-Léger de Jobie (*de Jobia*, alias *Gobia*) fut successivement confirmée à Montmajour par Eugène III en 1152, par Luce III en 1184, par Innocent III en 1204, et par Alexandre IV en 1258. Les deux dernières confirmations comprennent expressément *les appartenances* de cette église, alors prieurale et soumise avant 1326 au prieuré d'Antonaves, qui en retirait 7 livres de cense en 1330. Nous ne savons si à ce petit prieuré, qu'un pouillé de 1516 appelle *prioratus de Alpo et Zubia*, et M. Roman *de Saint-Léger et Notre-Dame de Laup-Jubéo*, se rattachait un haut-fief dépendant par conséquent de Montmajour. En 1210 et en 1223, les bulles confirmatives des empereurs mentionnent *honorem de Gobia*, sans indication de comté ni de diocèse (2). En tout cas, l'église en question était au village appelé aujour-

---

(1) Arch. des Bouch.-du-Rh., mss. Chantelou, p. 921-30 et 1007-31; — F. de M. de Carr., op. cit., p. 155-7.

(2) Arch. et mss. cit., p. 782-96, 816-9, 921-51, 1007-13, 1131-42; — F. de M. de C., loc. cit.; — J. Roman, *Dict. topogr. des Hautes-Alpes*, mot *Laup-Jubéo*; *Tableau histor. du départ. des Hautes-Alpes*, p. 121; — *Bull.* cit., VII, 84.

d'hui Laup-Jubéo, commune de Saint-Genis, canton de Serres (Hautes-Alpes).

Enfin, M. Roman nous apprend qu'en 1516 la cure de Laragne (Hautes-Alpes) était à la collation de l'abbé de Montmajour, et que le curé en partageait la dîme avec celui d'Arzeliers, lequel en 1641 était principal décimateur de sa propre paroisse et, lui aussi, à la nomination de l'abbé de Montmajour (1).

V

Diocèse de Vienne. — La première dépendance que nous connaissions dans ce diocèse à Montmajour, dans l'ordre chronologique, est l'église de *Saint-Christophe* de Montmiral, dont nous avons parlé et qui fut donnée à Montmajour antérieurement à novembre 1068. Saint-Christophe est le vocable de l'église paroissiale actuelle de Montmiral.

La seconde est l'église de *Saint-Evode* de Parnans, dont une moitié fut cédée à Montmajour par Léger, abbé de Saint-Barnard de Romans, en échange de celle de Saint-Christophe, en 1068. Nous voyons ensuite l'église de Saint-Evode confirmée à Montmajour en 1204 par Innocent III, et par Alexandre IV en 1258. Le village de Saint-Evode est aussi confirmé à la même abbaye en 1210 par l'empereur Othon IV, et en 1223 par Frédéric II. Saint-Evode de Parnans était dès 1208 un prieuré en titre, encore dépendant de Montmajour en 1484, et dont on connaît quelques prieurs. Ce prieuré est cotisé 62 livres

---

(1) *Tableau histor.* cit., p. 126.

tournois dans un pouillé de 1523, tandis que l'église du même lieu ne l'y est qu'à 6. En 1786, cette église, toujours dédiée à saint Évode, avait encore pour patrons nos bénédictins de Montmajour (1).

Le monastère de *Saint-Antoine de la Motte*, fondé par Montmajour à la fin du XIe siècle, lui a été très souvent confirmé par les papes depuis Pascal II en 1114 jusqu'à Alexandre IV en 1258. Les empereurs Othon IV, en 1210, et Frédéric II, en 1223, lui confirmèrent de leur côté la *ville* de Saint-Antoine avec tout ce qu'il y avait. Après le départ de nos Bénédictins du monastère prieural de Saint-Antoine, Boniface VIII ordonna en 1297 que les Hospitaliers, pour dédommager Montmajour de la perte de ce monastère, payeraient chaque année à l'abbaye arlésienne une pension de 1,300 livres petits tournois. Cette pension fut fixée à 205 marcs d'argent par un arrêt du Parlement de Paris du 8 mai 1442 (2).

L'église *Saint-Didier*, précédemment paroissiale, fut donnée aux Bénédictins en même temps que la nouvelle église de Saint-Antoine, qui devait la supplanter. C'est du moins ce qu'assure Chantelou, en désaccord avec Falcon, lequel affirme que les Bénédictins n'eurent d'abord que le juspatronat de Saint-Didier. Toutefois, Falcon même reconnaît que l'église Saint-Didier fut donnée aux Bénédictins par Gontard, administrateur du diocèse de Vienne et leur fut ensuite confirmée par l'archevêque Guy (3).

---

(1) Mss Chantelou, p. 921-8, 931-43, 1007-14, 1131-42 et 1621; — *Cartul. S. Barnardi Roman.*, ch. 12 bis; — Dassy, l'*Abb. de Saint-Antoine*, p. 490-2; — *Bull. de la Soc. archéol. de la Drôme*, t. II, pp. 160 et 162.

(2) Mss. Chantelou, *passim*; — F. de M. de C., op. cit, pp. 44-8, 66-72; — Dassy, op. cit., *passim*; — Valbonnais, *Hist. Dauph.*, I, 250; II, 7, 87-8.

(3) Aym. Falco, op. cit., fol. xliiij v° et lij v° ; — Mss. Chantelou, p. 618-22.

L'église de *Sainte-Marie de Montagne* fut donnée aux Bénédictins de Montmajour en même temps que celle de Saint-Didier et par les mêmes prélats. Elle lui fut ensuite confirmée à plusieurs reprises par les papes, notamment par Alexandre IV en 1258. Outre l'*église de Notre-Dame de Montagne*, un pouillé du xive siècle nomme encore le *prieuré* et l'*église de Saint-Etienne de Montagne*. Celui de 1523 ne nomme que l'église de *Saint-Etienne de Montagne;* et des *Etats* du xviiie siècle mentionnent *Notre-Dame de Montagne* comme étant du juspatronat de l'abbé de Saint-Antoine, et assurent que *Saint-Etienne de Montagne* était du patronage du Chapitre de Romans (1).

L'église de *Saint-Marcellin*, donnée et confirmée à Montmajour comme la précédente et en même temps, le fut encore en 1258 par le pape Alexandre IV (2). Mais aux xve, xviie et xviiie siècles, c'étaient les Antonins qui avaient le bénéfice de Saint-Marcellin (3).

L'église de *Saint-Hilaire* donnée aux Bénédictins de Montmajour par Gontard, évêque de Valence, administrateur du diocèse de Vienne, et confirmée par l'archevêque de Vienne, comme nous l'avons dit plus haut, leur fut encore confirmée en 1204 par Innocent III, et en 1258 par Alexandre IV. En 1789, Saint-Hilaire de la Sône avait son prieur particulier (4).

La chapelle *de Chapaysia*, donnée à Montmajour, comme nous l'avons dit d'après Falcon et Chantelou, ne nous apparaît plus depuis.

―――――――――

(1) Aym. Falco et Chantelou, *passim;* — Chevalier, *Pouillé de Vienne du xive s.,* n°s 297, 321-3 et 338; Pouillé de 1523, p. 32-3.
(2) Aym. Falco et Chantelou, *passim.*
(3) Arch. de la Dr., E, 2472, 2476; — *Bull. archéol. de la Drôme,* II, 162, 164; VII, 178-9.
(4) Chantelou, *passim;* — *Bull.* cit., II, 164-5.

L'église *du lieu de Vinay*, sous le vocable de saint Martin, avec des dîmes dans ce même lieu, données à Montmajour comme nous l'avons vu, lui furent confirmées à plusieurs reprises par les papes, notamment par Alexandre IV en 1258 (1). Elle existait encore au xviiie siècle (2).

L'église de *Saint-Jean de Fromental* et la neuvième partie de la dîme, données par Ardenc de Vinay, furent confirmées à Montmajour par divers papes, notamment par Innocent III en 1204.

Pierre Sofreys, nous l'avons vu, donna à nos Bénédictins ce qu'il avait dans l'église *de Monte Lucido*.

L'église de *St-Pierre de Lausanna*, avec ses appartenances, fut confirmée à Montmajour par plusieurs papes, notamment par Gélase II en 1118, et par Alexandre IV en 1258. Ce dernier l'appelle *ecclesiam S. Petri de Sona*, ou plutôt mentionne St-Pierre *de Lausanna* et St-Pierre *de Sona*. Les empereurs Othon IV en 1210, et Frédéric II en 1223, confirmèrent aussi à Montmajour la ville (*villam*) de *St-Pierre de Lausona* avec son intégrité et ses appartenances. En 1208, en 1304, en 1323 et en 1337, un prieuré dépendant de Montmajour avoisinait l'église de la Sône (3). Enfin, en 1697, le prieuré de « St-Pierre de la Saône, » toujours dépendant de l'abbaye de Montmajour, était tenu par un commandataire, Mre Jean-Baptiste de Boffin (4). Mais qu'est-ce que l'église de St-Pierre *de Montelaser*, que la bulle de 1204 place parmi les dépen-

---

(1) Chantelou, *passim*.
(2) *Bullet.* cit., II, 165.
(3) Chantelou, *passim* ; — Dassy, op. cit., p. 492 ; — Valbonnais, *Hist. du Dauph.*, 2,197-8 ; Chevalier, *Invent. des Dauph. en 1346*, n° 10.
(4) Arch. de la Drôme, fonds de Ste-Croix.

dances de Montmajour au diocèse de Vienne, et au même rang où celle de 1258 met l'église de St-Pierre *de Sonâ* ? C'est la même que cette dernière, apparemment. Du reste, le catalogue général des dépendances de Montmajour le suppose, quand il met *eccl. S. Petri de Montelaser, aut de Sona* (1).

L'église de *Ste-Marie de Quincivet*, confirmée à Montmajour par Innocent III en 1204, et par Alexandre IV en 1258, figure dans des *Etats* du xviiie siècle, mais sans indication de juspatron. Est-ce d'elle que parle Falcon, quand il dit qu'en 1339 Guillaume Mitte, abbé de Saint-Antoine, remit au prieur de Chevrières l'église paroissiale de Quincivet (2) ?

L'église de *St-Cyprien* fut confirmée à la même abbaye, par Innocent III en 1204, et par Alexandre IV en 1258 (3).

L'église de *Sainte-Marie-Madeleine de Baen* (var. *de Baer*), fut confirmée à Montmajour en 1204 et en 1258, par les papes susdits. Nous ne connaissons aux siècles suivants, dans la région où nous en sommes, qu'un édifice religieux sous le vocable de la sainte. C'est la chapelle de Ste-Marie-Madeleine, que sa place dans le pouillé de 1523 suppose à St-Apollinard (4).

L'église de *Chevrières*, avec ses appartenances, fut pareillement confirmée à Montmajour en 1204 et en 1258. Elle était prieurale au xiiie siècle. Son prieur payait 20 livres de décime au pape vers 1375. D'après l'acte de 1502,

---

(1) Chantelou, pp. 931-43 et 1131-43.
(2) Chantelon, pp. 931-43 et 1131-43 ; *Pouillé de Vienne*, p. 32 ; — Falco, op. cit., f. lxxxj v°.
(3) Chantelou, pp. 931-43 et 1131-43.
(4) Chantelou, mss., pp. 931-43 et 1131-43 ; — *Pouillé de Vienne* de 1523, p. 35.

portant que Montmajour serait séparé de St-Antoine, le prieuré de Chevrières fut attribué à Montmajour. Au xviii⁰ siècle, Chevrières avait son prieur particulier, qui était vers 1789 un bénédictin de Montmajour (1).

L'église de *St-Bonnet*, évidemment celle qu'on appela plus tard *St-Bonnet de Chavanes*, fut confirmée à Montmajour en 1204 et en 1258. Elle figure dans les pouillés du xiv⁰ siècle et de 1523, et les *Etats* du xviii⁰ siècle en font encore une dépendance du prieuré de la Sône (2).

L'église de *St-Sauveur*, confirmée à Montmajour en 1204 et 1258, est apparemment celle de St-Sauveur près St-Marcellin. Le pouillé de Vienne du xiv⁰ siècle mentionne le prieuré de St-Sauveur. Le pouillé de 1523 et les *Etats* du xviii⁰ siècle mentionnent, celui-là *la commanderie de St-Sauveur* comme unie à celle de St-Paul-lès-Romans, ceux-ci St-Sauveur comme étant du juspatronat du commandeur de St-Paul-lès-Romans (3).

L'église de *Ste-Marie-de-Têches* (de Lechis, lire Techis), n'était pas dans le diocèse de Vienne, comme portent les bulles papales de 1204 et de 1258 la confirmant à Montmajour, mais dans le diocése de Grenoble. Le pouillé rédigé vers 1115 l'appelle *ecclesia S. Marie de Tescha*, celui du xiv⁰ siècle *ecclesia de Thechia*, et celui de 1497 *ecclesia de Teschia*. C'est ainsi du moins que s'appelait l'église paroissiale de Têches, que le pouillé de 1497 dit bien être sous

---

(1) Chantelou, mss. pp. 931-43, 1131-43 et 1639; — Falco, *Antonianæ historiæ compendium*, f. ciii, r°; — M. Chevalier, *Polypt. Vien*, n° 294; *Pouillé de 1523*, n° 283; *Etat du xviii⁰ siècle*, n°⁸ 172, 177 (*Bullet. cit.*, II. 163-4); — *Cartul. des Ecouges*, p. 109.

(2) Chantelou, mss., pp. 931-43 et 1131-43, — *Polypt.* du xiv⁰ siècle, n° 326 ou 353; — *Bullet. cit.*, II, p. 164 et 167.

(3) Mss. Chantelou, pp. 931-43 et 1131-43; — *Polypt. Viennense* du xiv⁰ siècle, n° 303; — *Bullet. cit.*, II, p. 165 et 168.

le vocable de la Ste-Vierge. Seulement, ce même pouillé dit qu'elle est du patronage et à la présentation de l'abbé de Cruas, ce qui ne s'accorde pas avec l'attribution que nous venons d'en faire à Montmajour. Voici peut-être le moyen de tout expliquer. Ce même pouillé de 1497 nous dit que sur le territoire de Têches, mais sur la limite du diocèse de Grenoble avec celui de Vienne, près de Saint-Marcellin, est la chapelle de Notre-Dame *de Serraliis*. En admettant que celle-ci dépendait de Montmajour, la difficulté d'attribution au diocèse de Vienne diminuerait, puisque cette chapelle était sur la limite (1).

Avant 1339, le prieur de Chevrières avait les dîmes de la paroisse de Roybon. Mais, en ladite année, il les céda à Guillaume Mitte, abbé de St-Antoine, qui en retour remit à ce prieur les églises paroissiales de *Murinais* et de *Quincivet*. Vers 1789, l'église de Murinais, dédiée à Saint-Pierre, dépendait encore du prieur de la Sône (2).

VI

Diocèse de Grenoble. — L'église du *château de Rovon*, qui figure déjà dans le pouillé rédigé vers 1110, était confirmée à Montmajour en 1204 et en 1258. La seigneurie de ce château lui fut pareillement confirmée par les bulles de 1204 et de 1258 et par celles des empereurs Othon IV, en 1210, et Frédéric II en 1223. En 1399, la paroisse avait son curé et comprenait 18 feux. En 1497, l'église de St-Pierre de Rovon était du patronage du prieur de la

---

(1) Mss. Chantelou, pp. 931-43 et 1131-43 ; — *Polypt. Gratianop.*, dans *Cartul. S. Hug.* de M. Marion, pp. 183, 289, 330 et 393.

(2) Falco, op. cit., f. lxxxi, v° ; — Chevalier, *Rôles... de Vienne*, p. 32.

Sône; et ses revenus montaient à 3o florins. La paroisse comprenait 20 feux (1).

Nous ne savons si Montmajour avait déjà quelque chose à Nacon vers 1040, époque où son abbé Benoît travaillait, comme nous l'avons vu, à assurer à l'abbaye des droits dans le Royans. Mais l'église de *St-Etienne de Nacon*, qui figure dans le pouillé dressé au commencement du xii⁰ siècle, était déjà confirmée à cette abbaye dès 1110 par le pape Gélase II. Les privilèges accordés à Montmajour par Callixte II en 1123, par Eugène III en 1152, et par Luce II en 1184, énumèrent tous l'église de *St-Etienne de Nacon* parmi les dépendances de la même abbaye; mais les priviléges de 1204 par Innocent III, et de 1258 par Alexandre IV, en la comprenant de même parmi ces dépendances, l'appellent le *monastère de St-Etienne de Nacon*. D'autre part, les priviléges des empereurs Othon IV en 1210, et Frédéric II en 1223, confirment à Montmajour le village de Nacon (*villam de Nascum*). En 1208 et en 1399, le monastère de Nacon avait avait le titre de prieuré. En 1399 il n'était pas dans un bel état; l'évêque, le visitant, en trouva l'église mal entretenue, et les ornements fort pauvres; il devait y avoir deux religieux, et il n'y en avait qu'un; il y avait un curé. En 1497, les revenus du prieuré n'atteignaient que cent florins, et la cure de Nacon, quoique celle de St-Pierre de Cherennes lui fut unie, n'avait pour revenu que la subsistance du curé. Dans la suite, l'église même de Saint-Etienne de Nacon disparut, son service fut transféré dans celle de St-Pierre de Cherennes, et le prieur de Nacon a souvent été appelé prieur de Che-

---

(1) Mss. cit.; — CHEVALIER, *Visitat. episc. Gratian.*, pp. 15 et 89; — MARION, *Cartul. S. Hug.*, pp. 193, 278, 292, 358; — F. DE M. DE C., op. cit., p. 147-8.

rennes. Quand à la dépendance de ce prieuré vis-à-vis de Montmajour, il faut constater qu'en 1497, le prieuré était encore dépendant de cette abbaye, et que vers ce temps le pape Alexandre VI l'unit, à cause de son peu d'importance, à la même abbaye. Un procès soulevé contre cette union l'empêcha de se réaliser. Au surplus, le prieuré était tenu depuis plusieurs siècles par des séculiers, quand il fut supprimé en 1790 (1). C'est tout ce que nous en dirons ici. Notre cadre nous interdit les détails. Ceux qui désireraient connaître ceux-ci, en trouveront dans l'intéressante notice que M. Pilot de Thorey a consacrée à ce prieuré (2).

L'église de *St-Pierre de Cherennes*, qui figure dans le pouillé d'environ 1110, était unie dès 1497 à celle de Nacon; mais elle ne figure pas pour cela dans les dépendances de Montmajour, du moins avant le xve siècle (3). Toutefois, l'église de St-Etienne de Nacon ayant disparu, et le service en ayant été transféré dans celle de St-Pierre de Cherennes, le prieur de Nacon fut aussi appelé prieur de Cherennes. Ce prieur, dit M. Pilot de Thorey, « exerçait un droit de patronage sur les cures de St-Jean d'Iseron, de St-Jean-Baptiste de Rencurel, de St-André-en-Royans et de St-Pierre de Cherennes. » En 1540, Jean Ferrand possédait comme prieur de Nacon, dans le mandement et commune de Beauvoir et d'Iseron, 40 sétiers de froment, 18 sétiers de seigle, 6 quartaux d'avoine, 15

---

(1) Mss. CHANTELOU, *passim* ; — *Cartul. de St Hug.*, pp. 101, 193, 278, 291-2, 358 ; — Arch. de la Drôme, E, 2332, 2503, 2557 ; — CHEVALIER, *Polypt. Gratianop.*, n° 212 ; *Visitat. Gratianop.*, pp. 89 et 145 ; — AUVERGNE, *Cartul. des Ecouges*, pp. 83, 104-7, 121-2, 180 ; — F. DE M. DE CARR. op. cit., pp. 147-8, 155-6 ; — DASSY, *L'Abb. de St-Ant.*, p. 490-2 ; — *Gallia Christ.*, t. XVI, instr., col. 39-41.

(2) *Bul. de la Soc. de Statist. de l'Isère*, t. XXIII, p. 204-10

(3) *Cartul. de S. Hug.*, pp. 193, 358.

poulets, 15 poules et 3 livres en argent de censes directes. Le même possédait, à raison de la cure de St-Jean-des-Essarts, 7 sétiers de froment, 5 sétiers de seigle, 7 poules, 4 poulets, et deux livres en argent de censes. En 1706, Pascalis est « curé de St-Pierre de Nacon. » (1).

Une *chapelle du château d'Iseron* figure sous ce nom même dans le pouillé rédigé vers 1110. Puis la *paroisse du château d'Iseron* (*parochia de castro Iseronè*) fut confirmée aux bénédictins de Montmajour en même temps que l'église de Nacon dont cette paroisse paraît ressortir, et cela en 1123, 1152 et 1184. Mais les bulles de 1204 et de 1258 ne nomment pas Iseron, qui ne paraît plus désormais dans les pouillés et visites des xiv° et xv° siècles (2).

L'église de *St-Jean-des-Essarts* figure, sous ce nom même, dans le pouillé rédigé vers 1110. A cette même époque, cette église, qui était dans le mandement du château d'Iseron, *apud Roinum*, fut achetée par Milon, religieux de Montmajour, soit prieur de Nacon; mais, comme cette acquisition était simoniaque, l'acheteur la remit aux mains de l'évêque Hugues, c'est-à-dire de saint Hugues. Le *Cartulaire de St-Hugues* nous apprend que la même église, située *juxta castrum Isironis*, faisait une redevance annuelle de 5 sous et de 4 livres de cire; et les manuscrits de Chantelou nous la montrent confirmée à Montmajour en 1204 par Innocent III, et en 1258 par Alexandre IV. Elle fut visitée par l'évêque en 1399. Elle était alors simple église paroissiale, et la paroisse comprenait 80 feux. En 1497, elle était du patronage du prieuré de Nacon et

---

(1) PILOT DE THOREY, *Prieurés*, p. 205-8. — Mairie d'Echevis, reg. de cathol.

(2) MARION, *Cartul. S. Hug.*, pp. 101, 193; — Mss. CHANTELOU, pp. 756-60, 782-7 et 816-7.

comprenait 5o feux: Ses revenus allaient à 25 florins. On y trouve au xvii⁰ siècle un noble Jean de Lacombe nommé pour curé par Charles de Lionne, prieur de Nacon (1). »

L'église de *Rencurel*, déjà paroissiale vers 1100, était confirmée à Montmajour en 1152, en 1184, en 1204 et en 1258. On la trouve dédiée à saint Jean-Baptiste antérieurement à 1497, année où un pouillé de Grenoble la dit du patronage et à la présentation du prieur de Nacon. Elle avait alors 20 florins de revenus, et la paroisse contenait 29 feux. Il y avait une chapelle sous le vocable de la Sainte Vierge et unie à la cure. En 1756, le curé du lieu en affermait toute la dîme à deux particuliers, au prix de 1,000 livres par an et avec quelques réserves. Le contrat ne fait aucune mention du prieur de Nacon, ni de Montmajour (2).

L'église de *St-André-en-Royans*, également paroissiale vers 1100, ne figure pas dans les bulles papales et impériales qui énumèrent les possessions de Montmajour aux xii⁰ et xiii⁰ siècles. Les pouillés du xiv⁰ siècle n'y mettent qu'un curé simple, et les visites épiscopales nous apprennent que le curé institué par l'évêque de Grenoble, percevait lui-même les dîmes de sa paroisse en 1399. Mais, d'après le pouillé de 1497, l'église de St-André était alors du patronage du prieuré de Nacon et rapportait 3o florins, et la paroisse avait 36 feux. La chapelle de la Sainte Vierge était à la présentation du prieur de Nacon et du curé de

---

(1) *Cartul. de S. Hug.*, pp. 101, 193, 197, 292, 358, 395 ; — Mss. CHANTELOU, pp. 931-44, 1131-43 ; — *Visit. episc. Gratianop.*, pp. 15 et 89 ; — Arch. de la Dr., E, 1402, 2332.

(2) *Cartul. de S. Hug*, pp. 193, 360 ; Mss. CHANTELOU, pp. 782-7, 816-7, 931-44 et 1131-43 ; — Minutes de M⁰ Bellier, not⁰ à St-Martin-en-V., protoc. *Billerey* de 1755-9, f. 117-9.

St-André. Enfin, aux XVII° et XVIII° siècle, le curé percevait lui-même les dîmes locales, et la chapelle *de Guilphanie*, autrement de *Notre-Dame de Grâce*, a eu le curé pour recteur, et le prieur de St-Pierre de Nacon ou de Cherennes pour juspatron (1).

Les manuscrits de Chantelou signalent comme dépendant de Montmajour l'église *de Cominis* (var. *Comneis*), située dans le diocèse de Grenoble et confirmée à cette abbaye en 1204 et en 1258. Ils nous apprennent aussi qu'en 1337 le prieur de Cognins (*prior de Cognino*) dépendait encore de Montmajour. Il s'agit manifestement d'une église prieurale de Cognin (*de Chonino* vers 1100, *de Cognins* en 1245, *de Cugnino* en 1399, et *de Cognino* en 1497), située dans la même région que les précédentes. Mais l'église de Cognin dont nous parlons et que le pouillé de 1497 dit simplement curiale et sous le vocable de la Ste Vierge, était alors à la collation de l'évêque de Grenoble de plein droit, et cet évêque percevait les dîmes de la paroisse (2).

En 1210, l'empereur Othon confirmait à Montmajour le village de Nacon (*villam de Nacum*), le village de Saint-Pierre de Maleval (*villam Sancti Petri de Malavalle*), le village *de Gilgans*, et le village *de St-Evode*; et en 1223 Frédéric II renouvelait cette confirmation (3). Nous avons déjà parlé de la seigneurie de Montmajour sur le village de Nacon et nous parlerons plus loin de sa seigneurie sur

---

(1) Marion, *Cartul. S. Hug.*, pp. 193, 196, 279, 292, 359; — Chevalier, *Visit. de Grenoble*, pp. 87, 141-2, 144-6; — Clerc-Jacquier, *Notes hist. sur St-André-en-R.*, pp. 26-34; — *Esquisses historiques*, pp. 17-20 et 34-44.

(2) Mss. Chantelou, pp. 931-44, 1131-43, 1406; — Marion, *Cartul. S. Hug.*, pp. 193, 197, 292, 358, 387; — Auvergne, *Cartul. Excubiar.*, p. 124-5; — Chevalier, *Visit.*, p. 89.

(3) Mss. Chantelou, pp. 921-8, 1007-14.

celui de St-Just. Nous ne savons où était le village *de Gilgans*, dont cette abbaye avait le fief en 1204 et en 1223, et qui, par le rang qu'il occupe dans les bulles impériales, semblerait avoir dû se trouver dans la région dont nous nous occupons. Quand au village *de St-Pierre de Maleval*, nous supposerions volontiers qu'il s'agit de Malleval, formant aujourd'hui avec Cognin une commune du canton de Vinay. Ce Malleval était en 1193 un tènement (*tenementum de Mala Val*), que Guillaume de Sassenage donna au prieuré des Ecouges, et dont le cartulaire de ce prieuré fait mention en 1329 et en 1330 (1). Mais les *visites* et les pouillés du diocèse de Grenoble des XIIe, XIVe et XVe siècles ne nous signalent aucune église ou chapelle sous le vocable de St-Pierre, ou autre, à Malleval, qui avait une église au siècle dernier et forme aujourd'hui une paroisse de 400 âmes. Il y a sur le territoire de la Motte-Fanjas, paroisse sous le vocable de St-Pierre et dépendante de Montmajour, comme nous le verrons plus loin, un ruisseau et un quartier dits *de Maleval*.

L'église de *St-Just-de-Claix*, située dans ce pays de Royans où Montmajour travaillait à s'établir vers 1040, est appelée *église de St-Just de Mane (de Mana)* dans un pouillé d'environ 1110. Elle fut confirmée à cette abbaye en 1204 par Innocent III, et en 1258 par Alexandre IV. Bien plus, le village de St-Just fut aussi confirmé à la même abbaye par l'empereur Othon IV en 1210, et par Frédéric II en 1223 ; et dès le XIIIe siècle nos Bénédictins avaient là un prieuré et un fief de quelque importance. Au XIVe siècle, le prieuré payait 24 livres 10 deniers de décime papale. En 1497, il était à la collation de l'abbé de Montmajour, et ses

---

(1) Auvergne, *Cartul. des Ecouges*, pp. 99-100, 162-4 et 170-2.

revenus étaient de 50 florins. Les revenus de la cure, dont le prieur avait la présentation, n'étaient que de 18 florins. Vers cette dernière époque, pour compenser l'abbaye de Montmajour de la suppression de la pension que lui faisaient précédemment les Antonins, Alexandre VI unit le prieuré de St-Just, et divers autres bénéfices, à la mense conventuelle de cette abbaye. Mais, comme les revenus prieuraux de St-Just étaient insignifiants, cette abbaye ne tarda pas à les abandonner, et le prieuré eut jusqu'à 1790 des titulaires séculiers (1).

Les bulles de 1204 et de 1258 mentionnent une seconde église de St-Just parmi les dépendance de Montmajour dans le diocèse de Grenoble. Est-ce inadvertance du copiste. Faut-il au contraire admettre que, outre St-Just-de Claix, Montmajour avait une autre église de même nom dans le même diocèse ? Faut-il dire que la cure et le prieuré faisaient deux bénéfices de même nom, possédés par Montmajour comme nous l'avons vu ? En tout cas, le pouillé rédigé vers 1110 indique d'abord *ecclesia S. Justi* avec VI den. de cotisation, et plus loin *ecclesia S. Justi de Mana* avec XII den. de cotisation ; et tout cela dans le même archiprêtré d'Outre-Drac. D'autre part, les visites épiscopales de 1399, outre notre église de St-Just-de-Claix, mentionnent une *chapelle de St-Just*, située près de Seyssins, et visitée par l'évêque, qui y trouva tout en mauvais état. Le chapelain de Fontaines faisait le service de cette chapelle de St-Just, qui avait fonts baptismaux et cimetière (2).

---

(1) Mss. Chantelou, *passim* ; — Cartul. de S. Hug., pp. 193, 197, 278, 291, 359-60, 395 ; — F. de M. de Carr., op. cit., pp. 147, 155-6 ; — Pilot de Thorey, Prieurés... de Gren., p. 258-62 ; — Chevalier, Polypt. Gratianop., n° 214 ; Visites épisc. de Grenoble, pp. 87 ; 149.

(2) Mss. cit. ; — Cartul. S. Hug., p. 192-3 ; — Visitat. episcop. Gratianop., pp. 13 et 87.

Attenante à St-Just-de-Claix, du côté du levant, est la paroisse *d'Auberive*, dont l'église, déjà paroissiale vers 1110, fut confirmée à Montmajour en 1204 par Innocent III et en 1258 par Alexandre IV. Mais cette église, dédiée à la Sainte Vierge, était en 1497 du patronage du prieuré de la **Motte-Fanjas**, tout voisin, quoique situé au delà de la Bourne, et du diocèse de Valence. Son revenu était alors de 25 florins, et la paroisse avait 36 feux (1).

L'église connue aujourd'hui sous le nom de *Saint-Romans*, mais qui vers 1100 figurait seulement sous le nom *de Granenc (de Granenco)* et en 1123, 1152 et 1184 sous celui de *Saint-Pierre de Granenc (Sancti Petri de Granenco)*, fut érigée en prieuré par les religieux de Montmajour durant le xie siècle. Les priviléges concédés à cette abbaye par les papes, en 1123, 1152, 1184, 1204 et 1258, la mentionnent comme une de ses dépendances. En 1497, le prieuré de Saint-Romans était habité par le prieur et par le curé du lieu, et l'église était à la fois prieurale et paroissiale. Les immeubles du prieuré, possédé par les religieux de la Congrégation de Saint-Maur depuis l'introduction de leur réforme dans l'abbaye de Montmajour, furent vendus comme biens nationaux, le 2 mars 1791, pour le prix de 32,470 livres. M. Pilot de Thorey a écrit l'histoire de ce prieuré dans un ouvrage déjà cité (2).

L'église de *Prêles (de Praellis)* était paroissiale au commencement du xiie siècle, et dès 1123 le pape Callixte II la confirmait avec les dîmes à Montmajour. En 1152, Eugène

---

(1) Mss. Chantelou, pp. 931-44 et 1131-43 ; — Marion, *Cartul. S. Hug.*, pp. 193, 196, 292, 359, 395.

(2) Marion, *Cartul. S. Hug.*, pp. 193, 197, 291, 358-9, 394-5 ; — Mss. Chantelou, pp. 756-60, 782-7, 816-7, 931-44 et 1131-43 ; — Pilot de Thorey, dans *Bul. de la Soc. de Statist. de l'Isère*, t. XXIII, p. 377-82.

III la confirmait à son tour, avec la paroisse et les dîmes, à la même abbaye, et en 1184 Luce III en faisait autant. A son tour, en 1227, Raymond Bérenger céda à *l'église de St-Roman de Granenc* tout ce qu'il avait ou percevait des dîmes des paroisses de St-Roman de Granenc et *de Ste-Marie de Prêles*. En 1497, l'église de Ste-Marie de Prêles était du patronage du prieuré de St-Roman de Granenc et avait 20 florins de revenu. La paroisse contenait 36 feux en 1399, et 40 en 1497 (1).

En 1152, Eugène III confirmait à Montmajour la *chapelle du château de Beauvoir* (*capell. castri Bellivisus*), dépendant des église et paroisse de St-Pierre de Granenc ; et Luce III faisait de même en 1184. Cette *chapelle*, qui ne figure pas dans le pouillé du commencement du XIIe siècle, mais bien dans celui de la décime papale du XIVe et dans les *Visites* de 1499, était devenue avant 1497 une église sous le vocable de Saint-Jean-Baptiste. Celle-ci était unie à la cure de St-Roman et formait avec elle une paroisse de 100 feux. En 1790, Beauvoir était encore du juspatronat du prieur de St-Roman (2).

L'église de *St-Bonnet* du Villard-de-Lans (*S. Boneti del Vilar juxta Lanz*) existait et était paroissiale dès 1100. Elle était un bénéfice appartenant à l'évêque de Grenoble en 1145, année où le pape Eugène III la confirmait à ce prélat. Mais, le 7 avril 1152, le même pape la confirmait à Montmajour, et Luce III en faisait autant en 1184. Puis,

---

(1) Mss. CHANTELOU, 756-60, 782-7 et 816-7 ; — BOISSIEU, *De l'usage des fiefs* (MDCLXVIII), p. 375-6 ; — MARION, *Cartul. S. Hug.*, pp. 193, 359 ; — CHEVALIER, *Visit. Gratian.*, p. 88.

(2) Mss. CHANTELOU, pp. 782-7 et 816-7 ; — MARION, *Cartul. S. Hug.*, pp. 279 et 358-9 ; — CHEVALIER, *Polypt. Gratianop.*, n° 246 : *Visit. Gratianop.*, pp. XXXI-II et 87-9 ; — PILOT DE TH., *Prieurés*, p. 379-80.

le pouillé de décime papale du xivᵉ siècle ne mentionne ni prieur ni curé du Villard. C'est apparemment que les revenus du lieu étaient perçus par l'évêque, et qu'il était tenu compte dans la côte du prélat, de la décime que celui-ci devait pour le Villard-de-Lans; quant au curé, il n'était sans doute pas cotisé, à cause d'une extrême modicité de revenu. Quoi qu'il en soit, en 1497, l'église de St-Bonnet du Villard-de-Lans était de plein droit à la collation de l'évêque de Grenoble, qui percevait toute la dîme du lieu. Il y avait alors dans cette église, outre le curé, un vicaire perpétuel institué par l'évêque (1).

VII

Diocèse de Die. — Les manuscrits de Chantelou nous apprennent que Valchevrières, localité isolée entre le Vercors et le Villard-de-Lans, sur la limite de l'ancien diocèse de Die avec celui de Grenoble, avait antérieurement à 1152 une église et diverses appartenances. Le 7 avril de ladite année, Eugène III confirmait à Montmajour cette église et ses appartenances, alors dans le diocèse de Die; et en 1184 le pape Luce III faisait de même. Cette église était certainement accompagnée dès lors d'un petit prieuré, que désigne positivement l'expression *domus Vallis Caprariae* du testament d'Alix de Royans, qui, en mars 1248, lui léguait 50 sous viennois. Mais église et prieuré devaient bientôt changer de possesseurs. En 1286, l'archevêque de Vienne donnait le prieuré de Marnans aux Antonins, et

---

(1) Mss. Chantelou, pp. 782-7 et 816-7 ; — M. de Carranrais, op. cit. p. 147-8; — Marion, *Cart. S. Hug.*, pp. 153, 192, 292, 355, 382, 387; — Chevalier, *Cart. d'Aimon de Chissé*, pp. 18, 55-6.

en 1287 le Chapitre de Vienne approuvait ce don, que le pape lui-même allait bientôt après confirmer de sa suprême autorité. « Or, par le moyen de ce don et de cette union du prieuré de Marnans aux Antonins, dit Aimar Falcon, ceux-ci eurent, comme divers écrits le rapportent, le prieuré *Vallis Capriliarum* et le prieuré *de Elay*. » En effet, le prieuré de Valchevrières, cotisé 15 livres dans un pouillé de décime papale du diocèse de Grenoble écrit vers 1375, était aux XIVe et XVe siècles une dépendance de la commanderie de Ste-Croix près Die, laquelle, on le sait, appartenait elle-même à St-Antoine. Il y avait, au siècle dernier, dans les archives de cette abbaye « un terrier en rouleau de parchemin dudit prieuré » de Valchevrières, « signé par G. Bayle, l'an 1415. » On y voyait que ce même « prieuré estoit un fief qui avoit donné en albergement plus de cent sestérées terres et bois, ayant tous droits de directe seigneurie et prélation. » C'est ce que confirment divers actes postérieurs, notamment une vente de 1453, un albergement de l'an 1483, « passé au profit du prieuré de Ste-Marie-de-Valchevrières par fr. Guillaume Chaléon, prieur dudit lieu, » et « diverses collations dudit prieuré faites par les commandeurs de Ste-Croix-de-Quint en faveur des religieux de l'ordre » de St-Antoine « des années 1520, 1539, etc. (1) » Aujourd'hui Valchevrières a une chapelle en bon état; il appartient à la paroisse du Villard-de-Lans et au diocèse de Grenoble.

L'église de *St-Jean-en-Royans* (*ecclesia Sanctis Joannis*

---

(1) Mss. Chantelou, pp. 782-7 et 816-7; — M. de Carr., op. cit., p. 148; — Aym. Falco, op. cit., f. lxviii et seq.; — Chevalier, *Coll. de cartul. dauph.*, VII, p. 3; — *Polypt. Gratianop.*, n° 210; — Arch. de la Drôme, E, 2301; fonds de Ste-Croix, *passim*; — Pilot de Th., *Prieurés* cit., p. 343, 408-10; — Marion, *Cartul. S. Hug.*, pp. 277, 291, 360, 395.

de Roiano), confirmée à Montmajour en 1118 par le pape Gélase II, est qualifiée de *monastère* dans le privilége du 9 avril 1123 accordé à la même abbaye par le pape Callixte II, et dans celui du 7 avril 1152 accordé toujours à celle-ci par le pape Eugène IV. Enfin, Luce III en 1184, Innocent III en 1204 et Alexandre IV en 1258, confirment à leur tour à Montmajour le monastère de Saint-Jean-en-Royans (*monasterium Sancti Joannis de Rians*). Il y avait donc là un monastère ou grand prieuré, et celui-ci, dont nous connaissons beaucoup de titulaires à partir de 1190, avait avec la dîme et l'église du lieu, des biens considérables à titre civil et féodal. Aussi Othon IV en 1210 et Frédéric II en 1223 confirmaient-ils à Montmajour le village de Saint-Jean-en-Royans (*villam Sancti Joannis de Roins*). Nous avons sur ce prieuré et ses diverses possessions de nombreux documents que le cadre du présent travail ne permet guère d'utiliser ici, et que nous réservons pour l'histoire religieuse de la localité, que nous espérons publier un jour. Il suffira d'ajouter aux notions ci-dessus, que le prieuré et les biens prieuraux de Saint-Jean-en-Royans, d'abord confiés à des prieurs commandataires, finirent par être accordés en 1621 aux religieux Minimes du Péage de Pisançon, près Romans. Ceux-ci les conservèrent jusqu'à la Révolution; mais ils devaient faire une pension annuelle de 50 livres à l'abbé de Montmajour (1).

Outre le monastère de St-Jean-en-Royans, Innocent III confirma à Montmajour en 1204 l'église de *St-Martin-le Colonel* (*ecclesiam Sancti Martini de Coronellis*), voisine

---

(1) Mss. Chantelou, pp. 736-9, 756-60, 782-7, 816-7, 921-8, 931-44, 1007-13, 1131-44, 1719; — Chevalier, *Collect. de Cart. Dauph.*, IV, pp. 50 et seqq.; — Arch. de la Dr., fonds des Minimes et de St-Jean-en-R.; — *Gallia Christ.*, XVI, instr., col. 207; — M. de Carr., op. cit., pp. 148, 156.

et apparemment dépendante de ce monastère. En 1258, Alexandre IV confirmait à la même abbaye la même église avec ses appartenances. Depuis lors, la cure de St-Martin-le-Colonel fut à la collation du prieur de St-Jean, jusqu'au XVIIe siècle, où l'évêque de Die s'attribua à lui-même le droit en question, nonobstant quelques réclamations des Minimes. En 1686, ces religieux percevaient à St-Martin-le-Colonel la moitié des dîmes du quartier de Bouchet et une pension de 27 gros par an sur la cure. Le curé avait l'autre moitié des dîmes de Bouchet, l'intégrité de celles du reste de la paroisse et quelques fonds (1).

VIII

Diocèse de Valence. — La bulle papale de 1123 confirme à Montmajour les dîmes *d'Oriol* dépendantes du monastère de St-Jean-en-Royans (*monasterium S. Joan. de Roiano, cum decimis de Auriolo*). Celles d'Eugène III, en 1152, et de Luce III, en 1184, en font autant. Celles d'Innocent III et d'Alexandre IV confirment à Montmajour, en 1204 et en 1258, tout ce que cette abbaye a de droit en l'église de Ste-Marie d'Oriol (*quidquid juris habetis in ecclesia Sancte Mariæ de Auriolo*). En 1497, les dîmes d'Oriol appartenaient pour une moitié au prieur de St-Jean-en-Royans, pour un quart au prieur de St-Nazaire-en-Royans, de l'ordre de St-Ruf, et pour l'autre quart au curé d'Oriol. Les Minimes perçurent leurs droits sur Oriol et acquittèrent les charges en résultant, jusqu'au 13 décembre 1686, jour où les Minimes abandonnèrent au curé

---

(1) Mss. CHANTELOU, pp. 931-44, 1131-43 ; — Arch. de la Drôme, fonds de St-Martin-le-Colonel et *Visites* de Die.

d'Oriol leurs dîmes en cette paroisse, pour lui servir de congrue (1). Oriol était du diocèse de Valence, bien que les bulles papales le rattachent au diocèse de Die. Ces bulles n'ont sans doute fait ainsi que pour ne pas séparer Oriol de Saint-Jean, dont il dépendait et était limitrophe.

La Motte-Fanjas eut aussi une colonie de bénédictins de Montmajour. En 1204, Innocent III confirmait à cette abbaye l'église de *St-Pierre de la Motte*. Il y avait là un prieuré, c'est-à-dire un prieur accompagné d'autres religieux, chargés du service divin de l'église de la Motte et de celles de St-Thomas et d'Auberive. A partir de 1208, la plupart des prieurs de la Motte-Fanjas sont connus. Confirmée de nouveau en 1258 à Montmajour par Alexandre IV, l'église de la Motte-Fanjas nous apparaît en juin 1269 avec son cloître (*claustrum*), Hugues Bois, prieur du lieu, et Jacques, diacre de la Motte. Mais ce prieuré, assez riche pour être cotisé 45 livres dans un rôle de décime papale rédigé vers 1375, cessa d'abord d'être habité par les moines, puis finit par tomber entre les mains de prieurs commendataires. Cette dernière transformation, que fait déjà pressentir le jugement de l'official de Valence, attribuant vers 1509 « à Charles Charbonnel une pension annuelle de 30 écus d'or, sur les revenus du prieuré de la Motte-Fanjas, ordre de St-Benoît, » était accomplie bien avant 1672, époque où noble Pierre de Tarnesieu, chanoine et sacristain de Die, possédait ce même prieuré. Dès 1510, la Motte-Fanjas avait déjà son curé distinct du prieur. Vers ladite année ce dernier était cotisé

---

(1) Mss. CHANTELOU, pp. 756-60, 782-7, 816-7, 931-44, 1131-43; — Arch. de la Drôme, fonds des Minimes et de St-Jean-en-Royans.

9 livres au rôle de la décime, tandis que le curé ne l'était que douze sous (1).

En 1204, Innocent IV confirmait à Montmajour l'église de *St-Thomas-en-Royans*, confirmée encore à la même abbaye en 1258 par Alexandre IV. Evidemment, cette église était alors desservie par les religieux du prieuré de la Motte-Fanjas. Du reste, des documents plus récents nous attestent que le prieur de la Motte était juspatron de l'église de St-Thomas. A ce titre, il en nommait le curé; il payait aussi la congrue de ce dernier, de concert avec le prieur de St-Jean, lequel partageait avec celui de la Motte les revenus du bénéfice de St-Thomas. Un rôle de décime papale du xive siècle ne mentionne aucun curé de St-Thomas; sans doute parce qu'il n'y avait pas encore d'autre curé que le prieur, ou que le curé était trop pauvre pour être cotisé. Toutefois, la paroisse de St-Thomas était distincte de celle de la Motte en 1367, et nous connaissons la série des curés de St-Thomas à partir du commencement du xviie siècle (2).

L'église de *Ste-Marie de Jaillans*, confirmée à Montmajour en 1118 par le pape Gélase II, le fut de nouveau en 1123 par Callixte II, en 1152 par Eugène III, et en 1184 par le pape Luce III. En 1204, Innocent III compte encore l'église de Ste-Marie de Jaillans parmi les dépendances de la même abbaye, et Alexandre IV en fait autant en

---

(1) Mss. Chantelou, pp. 931-44, 1131-43; — Chevalier, *Polypt. Valent.*, n° 48; *Cartul. de Léonc.*, pp. 84, 237, 292-3; — Dassy, *L'Abbé de St-Ant.*, p. 87, *Gallia Christ.*, XVI, instr., col. 40; — Arch. de la Drôme, E, 2553; — *Bull. d'hist.....du dioc. de Valence*, I, 55; — Marion, *Cartul. S. Hug.*, p. 359.

(2) Mss. Chantelou, pp. 931-44, 1131-43; — Notes de Moulinet, chez M. Morin-Pons; — Arch. de la Drôme, fonds de Ste-Croix et de St-Jean-en-Royans.

1258. Il y avait alors à Jaillans un prieuré, dont le premier titulaire connu de nous est Lantelme, prieur en 1251. Assez riche au xiv° siècle pour payer 50 livres de décime papale, il était déjà tenu en commende vers 1470, époque où son titulaire, Jacques d'Auberge, avait un différend sur quelques censes avec le curé de St-Martin-de-Cerne (1).

En 1204, le pape Innocent III confirmait à Montmajour l'église de *Ste-Marie de Meymans* (eccles. *S. Mariæ de Manuanis*, lire *Maimanis*), que le pape Alexandre IV confirmait à son tour en 1258 à la même abbaye. Meymans, limitrophe de Jaillans, était en effet paroisse dès le xiii° siècle. On trouve Amédée curé de Meymans (*capellanus de Maimas*) en 1269, et la paroisse, figurant dans les pouillés du diocèse de Valence des xiv°, xv°, et xvi° siècles (2), existe encore aujourd'hui.

En 1123, le pape Callixte II confirmait à Montmajour l'église de *Cerne* (*ecclesiam de Cerna*), située sur le territoire de la commune actuelle de Charpey, vers les limites de celle de Barbières. Cette confirmation était renouvelée en 1152 par Eugène III, en 1184 par Luce III, en 1204 par Innocent III, et en 1258 par Alexandre IV. Au xiv° siècle, le curé de Cerne était cotisé 11 livres dans le rôle de la décime papale, et tous les pouillés du diocèse de Valence des xv° et xvi° siècles mentionnent l'église et le curé de St-Martin de Cerne. Le différend de Guillaume de la Croix, curé de cette paroisse vers 1465 et 1470, avec le

---

(1) Mss. CHANTELOU, pp. 736-9, 756-60, 782-7, 816-7, 931-45, 1131-43; — E. GIRAUD, *Cartul. S. Barnardi Roman.*, ch. 370 ; — CHEVALIER, *Cart. de Léonc.*, p. 172 ; *Polypt. Valent.*, n° 49 ; — Arch. de la Drôme, E. 2120, 2140, 2292, 2503, 2511.

(2) Mss. cit., pp. 931-45 et 1131-43 ; — CHEVALIER, *Cart.* cit., p. 237 ; *Polypt.* cit., n° 64 ; — Arch. de la Dr., E. 2140 ; *Pouillés de Valence*.

prieur de Jaillans, au sujet de quelques censes, fait soupçonner que Cerne dépendait du prieuré de Jaillans. En 1595, Antoine du Rosne, curé de Cerne, desservait St-Vincent. En 1681, l'église de St-Martin de Cerne était à réparer. En 1699, « Jean Pierre Simon, prieur et curé dud. Cerne et Barbières » était en différend avec ses paroissiens de Barbières. Enfin, « la paroisse de St-Martin de Cerne », encore existante en 1715, au moins de nom, ne tarda pas à disparaître, absorbée par celle de Barbières. Son église, dont les restes, encore considérables vers 1860, accusaient le style roman, a totalement disparu depuis. On en a employé les dernières pierres à une construction faite dans le voisinage.

En 1123, Callixte II confirmait à Montmajour *l'église de Cerne* (comme nous venons de le voir) *avec celle que l'on construisait depuis peu de temps et de l'avis de l'évêque, sur une hauteur, dans le fonds alodial de Geoffroy du château de Charpey*. Les bulles de 1152 et de 1184 ne parlent pas de cette nouvelle église; mais celles de 1204 et de 1258 comptent parmi les dépendances de Montmajour, et immédiatement après l'église de Cerne, *l'église de Puy-Rigaud* (ecclesiam de Podio Rigaudo), qui ne figure pas ailleurs (1). C'est apparemment la même.

Voilà tout ce que Montmajour a eu de dépendances en Dauphiné. Et maintenant, pour apprécier équitablement les bienfaits dont cette province est redevable aux colonies que lui envoya cette célèbre abbaye bénédictine, il faut se rappeler la fin et les conditions habituelles de ses fondations.

---

(1) Mss. cit., pp. 756-60, 782-7, 816-7, 931-45, 1131-43 ; — Chevalier, *Polypt.* cit., n° 67 ; — Arch. de la Dr., B, 422 ; C, 292 ; E, 332, 2503, 2511 ; — *Bul. d'hist. du dioc. de Val.*, III, 24-5 ; IV, 2 et 8.

Les religieux de Montmajour, comme les autres bénédictins, allaient, la croix et la bêche à la main, porter aux lieux où ils se fixaient, avec les bienfaits de la foi, les avantages de la civilisation.

La plupart de leurs monastères ont donné naissance à des villes, bourgs ou villages qui portent encore leurs noms aujourd'hui.

Parfois, fondés dans des lieux retirés ou déserts, ils virent bientôt se grouper autour d'eux les habitations des personnes attirées par le service, les besoins, les concessions territoriales ou les bienfaits de la nouvelle maison religieuse.

Le plus souvent ces lieux étaient restés jusque-là dépourvus d'église. Alors les religieux se construisaient une chapelle dans l'une des terres, fermes ou métairies qui leur étaient confiées. Ils y célébraient le service divin, et leurs serviteurs y assistaient les jours de précepte. Le nombre des assistants croissait avec le nombre des serviteurs, et s'augmentait de quelques tenanciers et habitants des environs. Puis, la chapelle prieurale finissait par être élevée au rang d'église paroissiale, quand le nouvel hameau ou village était arrivé à quelque importance et que l'église paroissiale primitive se trouvait trop éloignée ou devenait trop étroite pour recevoir le surcroît de population groupée autour du monastère.

Telle fut certainement l'origine d'un bon nombre des paroisses que nous avons trouvées aux Xe, XIe, XIIe, et XIIIe siècles parmi les dépendances de Montmajour.

Valence, Imprimerie Jules Céas et fils.

www.ingramcontent.com/pod-product-compliance
Lightning Source LLC
LaVergne TN
LVHW022204080426
835511LV00008B/1571